HISTOIRE ET CULTE

DE

SAINTE EUSTELLE

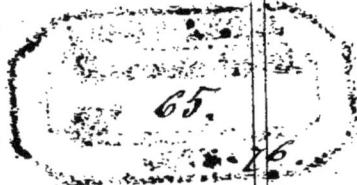

LA ROCHELLE

IMPRIMERIE P. DUBOIS, 6, R. GROSSE-HORLOGE.

—

1876

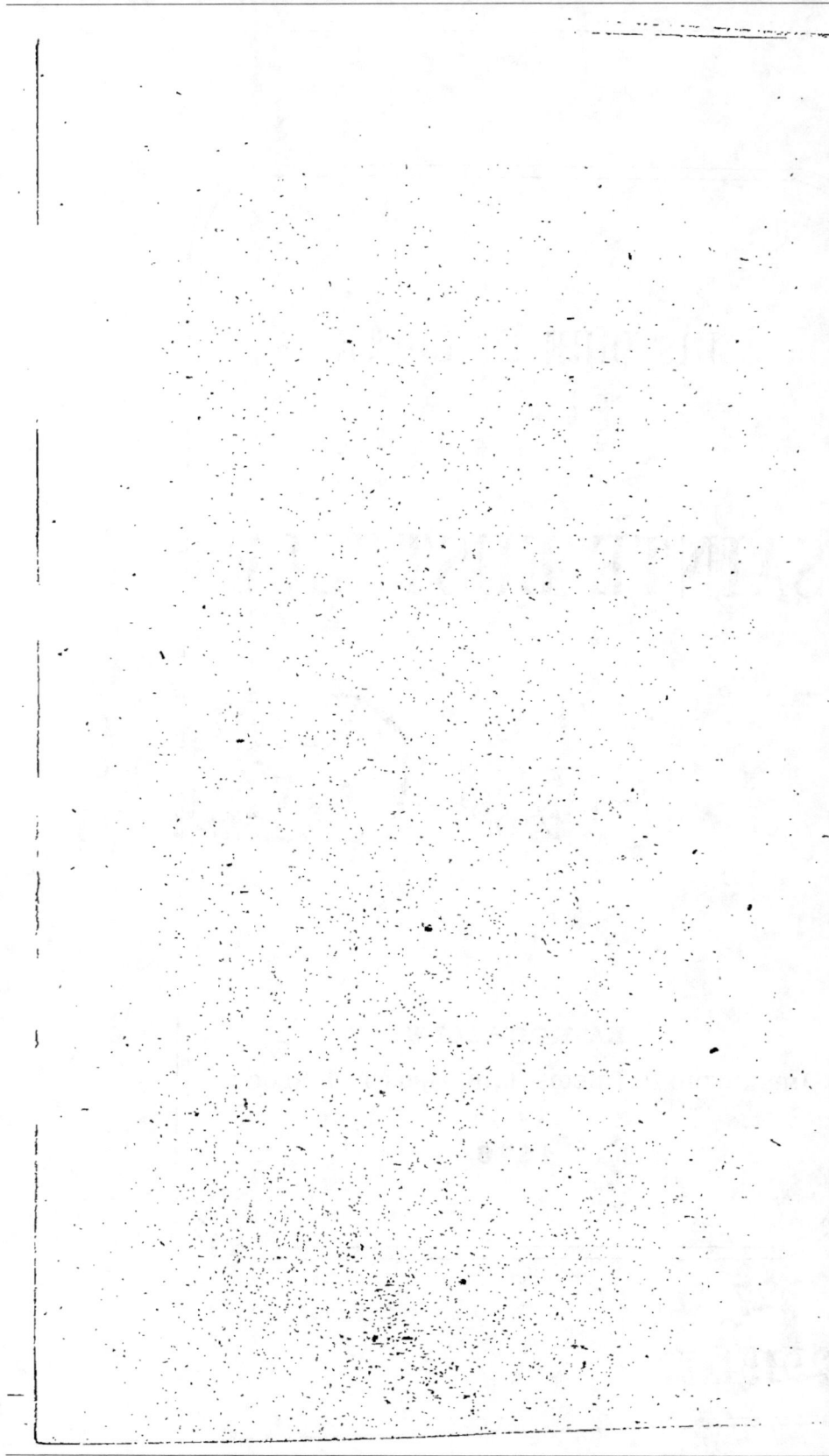

LETTRE PASTORALE

DE

MONSEIGNEUR L'ÉVÊQUE DE LA ROCHELLE ET SAINTES.

Histoire et culte

DE

SAINTE EUSTELLE

LA ROCHELLE

IMPRIMERIE P. DUBOIS, 6, R. GROSSE-HORLOGE.

—

1876

LETTRE PASTORALE

DE

Monseigneur l'Évêque de La Rochelle et Saintes.

Toutes les âmes élevées cherchent un idéal. Elles aspirent, comme parle Tacite, à ces formes éternelles qui planent au-dessus de la matière, dont nul artiste ne peut saisir l'empreinte, mais qu'on retrace dans ses mœurs et dans sa vie. L'idéal absolu, où se rencontrent toutes les formes du vrai, du beau, du bien, tous les types de la perfection, c'est le Verbe de Dieu. « Et le Verbe s'est fait chair, et il a habité parmi nous. » Nous l'avons vu à Bethléem, à Nazareth, sur le Calvaire. « Il était plein de grâce et de vérité. » Il avait le cœur d'un père, la tendresse d'une mère, la soumission d'un fils, la dignité d'un maître, la majesté d'un pontife, la bonté et la justice de l'homme public, la douceur de l'homme

privé, la fidélité de l'ami, le respect du serviteur et du sujet. Il avait tout cela ; il n'avait
rien exclusivement de tout cela. Dans sa
personne, sa doctrine et sa mission, on ne
découvre ni un caractère individuel, ni la
marque distinctive du temps et du pays où
il a vécu. Il n'est pas tel ou tel homme ; il
n'est pas davantage l'homme d'une époque
ou d'un peuple, mais par excellence *le fils
de l'homme*, c'est-à-dire l'homme idéal, beau,
pur, complet, le type universel de l'humanité
régénérée, le modèle accessible et sym-
pathique à tous, imité par tous et toujours,
jamais égalé. Et le Verbe fait chair habite
encore au milieu de nous. Il vit dans l'Église,
il l'anime de son esprit ; et, avec elle, il
parcourt le monde, il traverse les siècles,
tenant à la main son Évangile et sa Croix, et
répétant sa grande leçon : « Je vous ai donné
l'exemple, afin que vous fassiez ce que j'ai
fait. »

Voilà l'unique et suprême idéal sur lequel
il faut fixer nos regards, et dont tout chrétien
doit graver profondément la ressemblance
dans son esprit, dans son cœur, dans sa vie.
Mais afin que la perfection infinie effrayât

moins notre faiblesse, Marie nous a été donnée. Image vivante du modèle divin, elle le rapproche de nous et nous attire vers lui. Par l'éclat doux et voilé de sa beauté, par les prévenances et les charmes de son amour, par la médiation toute puissante de sa prière, elle soutient notre confiance, elle excite dans nos âmes une filiale émulation. Il convenait d'ailleurs qu'un type spécial de sainteté offrît à la femme les vertus de son sexe, et consacrât les phases diverses de son existence. Telle est Marie, la joie, la couronne, la gloire de la femme chrétienne. Marie ! je la rencontre partout dans l'Église. L'humble ouvrière et la souveraine suivent également les traces de Celle qui était noble et fille de rois, et qui a travaillé pour vivre, comme les pauvres. Marie ! je la reconnais et je la salue avec respect, dans la jeune enfant, dans la vierge, dans la mère, dans l'épouse, dans la veuve, dans toute femme qui s'inspire de ses exemples et reproduit l'image de ses vertus.

Plus près de nous se trouvent d'autres modèles : ce sont les Saints. L'Église les propose à notre imitation, parce qu'ils ont été eux-mêmes les fidèles imitateurs de Jésus-Christ. Tous ont copié la divine ressemblance ; mais sous l'action de la grâce, qui sait prendre toutes les formes et se plier à la diversité des esprits, des âges, des états, des goûts, chacun d'eux a gardé son caractère distinct, sa physionomie propre ; de telle sorte que, pour nos amitiés surnaturelles comme pour celles de la terre, nous pouvons choisir. Notre piété est libre de chercher un modèle spécial, un patronage préféré, dans les Saints dont la vie offre des points de contact plus nombreux ou plus intimes avec notre situation, avec les aspirations et les besoins de nos âmes. N'y a-t-il pas même un charme plus doux à vénérer la mémoire de ceux qui ont été les fils de notre Patrie, les concitoyens de nos aïeux ?

Nous croyons donc répondre à un désir de vos cœurs, en travaillant à renouveler et à étendre, parmi vous, le culte de sainte Eustelle, la première enfant de votre belle Saintonge qui ait apporté à Dieu, dans la virginité et le martyre, l'hommage de sa foi. Son souvenir vous rappellera celui de saint Eutrope. Ces deux noms sont unis dans la charité du Christ, dans le sang versé pour la cause de l'Évangile, dans la fondation de l'Église santone, dans les honneurs d'une même sépulture et des mêmes autels. Ces deux radieuses figures apparaissent ensemble, près du berceau de votre histoire : l'une, pleine de majesté, est l'image de l'Évêque immortel, Jésus-Christ ; l'autre, douce et pure, représente les traits de la Reine des vierges et reflète sa beauté.

I

D'après une tradition, qui n'a pas toute l'autorité de l'histoire, mais à laquelle Raban Maur, l'homme le plus érudit du IXᵉ siècle, a donné l'hospitalité dans ses récits, Eutrope, Grec d'origine, auditeur de saint Paul dans la ville d'Athènes, aurait accompagné à Rome saint Denys l'Aréopagite, et aurait reçu de saint Pierre le baptême, le sacerdoce et sa mission pour les Gaules. Débarqué près de l'embouchure du Rhône, avec Denys, Trophyme, Marthe, Marie-Madeleine et Lazare, le ressuscité de Béthanie, Eutrope

laissa ses amis en Provence et vint prêcher
l'Évangile dans l'Aquitaine. A l'exemple de
ces conquérants qui portent la lutte au
centre même des pays qu'ils veulent subju-
guer, il dirigea ses pas vers la capitale des
Santons. C'était une de ces villes privilégiées où les Romains, pour mieux assurer
leur domination, imprimaient fortement la
trace de leur civilisation et de leur génie. La
vieille cité gauloise avait son Capitole et son
Amphithéàtre : la gloire et la puissance, à
côté de la richesse et des plaisirs. Elle était
fière de l'Arc-de-Triomphe érigé, dans ses
murs, à la mémoire de Germanicus. Elle
avait adopté la religion de ses vainqueurs,
si pleine de faste et de volupté, plus com-
plaisante encore que celle des Druides pour
toutes les passions et tous les vices. Aussi, à
la vue de cette grande cité, entourée de
hautes murailles, située dans un paysage
enchanteur, sur les rives d'un fleuve aux
gracieux contours, jouissant de toutes les
félicités de la vie, d'un luxe énervant et de
monuments superbes, le missionnaire de
Jésus crucifié se demanda si Dieu daignerait
appeler, à la lumière de la vérité, ce peuple

assis dans les ombres les plus épaisses de la mort (1).

En effet, au témoignage d'une tradition assez répandue, les prédications d'Eutrope demeurèrent stériles. Nous ne voyons pas que, dans cette première mission, il ait été persécuté ; mais tout l'effort de son zèle se brisa contre cette insouciance et cette mollesse désespérantes qui s'unissaient, dans la race des Santons, à la mobilité naturelle de l'esprit gaulois. Il fut pris alors d'une grande tristesse, qui n'était pas exempte de découragement. Il pensa que d'autres viendraient, un jour, moissonner dans le champ où il avait ouvert le sillon et jeté la semence divine. Interrompant ses travaux, il reprit le chemin de Rome. Après saint Lin, le pape saint Clément avait succédé à saint Pierre. C'est lui qui consola et encouragea l'Apôtre de la Saintonge. Il le sacra Évêque, et lui rappelant que Dieu demande la bonne volonté et non le succès, il confirma sa mission pour les Gaules. La même tradition nous montre le nouvel

(1) Brev. Ms. de Saintes, xiiie siècle.

évêque, à son retour, visitant près de Tarascon les sœurs de Lazare; renouvelant, à la prière de Marthe, le miracle des noces de Cana; s'arrètant à Arles, auprès de saint Trophyme; prêchant à Orange, sur les bords du Rhône; enfin, rentrant à Saintes, pour y fonder son apostolat par le martyre. Les sueurs et les larmes n'avaient pas été assez fécondes, il donnera son sang.

Dans les desseins de Dieu, une seconde victime devait être offerte, comme une riche part de l'holocauste : déjà vous avez nommé Eustelle. Son père, gouverneur de la cité, était probablement un de ces chefs gaulois que l'habile politique des Césars traitait avec faveur, comme elle avait soin de conserver, à chaque nation conquise, ses frontières, ses lois, une certaine autonomie. Suivant d'autres conjectures, le père d'Eustelle était un Romain, de naissance illustre; sa mère descendait d'une antique et puissante famille de la caste des Druides. La jeune patricienne fut donc élevée dans l'opulente retraite d'un palais, au milieu des respects dus à son rang, et jamais rien de vil n'altéra les nobles instincts de cette âme naturellement chrétienne. Ayant entendu parler de l'homme étranger et vénérable qui enseignait la religion du Christ, elle conçut un vif désir de s'instruire de la nouvelle doctrine. Peut-être ne voulait-elle que satisfaire la curiosité d'un esprit cultivé ! Elle obéissait, sans le savoir, aux aspirations de la grâce, souffles venus du ciel, qui passent sur les âmes prédestinées, et les conduisent vers des rivages qu'elles ne connaissent pas, mais où Dieu les attend.

Or, le mystérieux étranger s'était construit un ermitage de bois, sur une colline située non loin des murs, celle-là même où s'élève aujourd'hui l'église dédiée en son honneur. Il s'y retirait la nuit et passait de longues heures dans la prière, les veilles et le chant des psaumes. Durant le jour, il prêchait le long des rues et sur les places publiques. Les petits et les pauvres eurent les prémices de son apostolat ; car, partout et toujours, voilà les privilégiés du Christ et de son Église, les premiers-nés de l'Évangile ! Mais comment l'esprit d'Eustelle s'est-il ouvert à la vérité ? Pour faire éclore une fleur, il suffit d'un rayon de soleil et d'une goutte de rosée.

Pour cette âme qui devait briller avec tant
d'éclat dans le jardin de l'Église et l'embau-
mer de ses parfums, quel a été le rayon
de soleil? quelle a été la goutte de rosée?
Peut-être une timide confidence de l'une
des esclaves du palais, secrètement initiée
à la foi; peut-être la lecture de quelque
feuillet détaché des saints Livres. Eustelle
entendit ensuite la parole de l'Apôtre. Les
grandeurs et les beautés de cet enseignement
divin touchèrent son cœur. Alors, sans calcul
et sans crainte, avec toute la promptitude
d'un amour délicat et généreux, elle se
déclara la servante de Jésus-Christ, et
demanda le baptème. Le saint vieillard
rendit grâces à Dieu de cette victoire de la
foi, et il mit tout son zèle à développer,
dans la néophyte, cet esprit de sacrifice sans
lequel il ne faut attendre des âmes rien de
grand, rien d'élevé, rien de divin.

La colline de l'ermitage dominait l'Amphithéâtre qui s'étendait, vaste et majes-
tueux, dans la vallée, à quelque distance de
l'enceinte de la cité, et dont les ruines,
restées debout malgré le temps et les
hommes, attestent encore la grandeur. Un

bois sacré séparait les Arènes de la maison
où la chrétienté naissante tenait ses assem-
blées. Quel contraste saisissant entre ce petit
groupe de fidèles qui *perséveraient d'un même
cœur dans la prière et la fraction du pain*, et
cette foule tumultueuse, avide de brutales
émotions et s'enivrant, sans remords, de
sanglantes voluptés ! Plus d'une fois, les
entretiens sacrés et l'auguste sacrifice furent
troublés par les clameurs qui montaient du
cirque frémissant : applaudissements pas-
sionnés des spectateurs, cris d'angoisse des
victimes, rugissements des bêtes féroces
pressentant leur proie ; et, par intervalles,
cette évocation sauvage de la persécution,
qui, après avoir retenti dans les amphi-
théâtres de Rome, s'est prolongée, comme
un écho lugubre, sur tous les points du
monde païen, et durant trois siècles : « Les
Chrétiens aux lions ! » La prière s'échappait
alors, plus ardente, du cœur des disciples
du Christ. Ils tressaillaient de joie et d'espérance, à la pensée de souffrir pour Celui
qu'ils adoraient et qu'ils aimaient sur une
croix. L'héroïque ambition du martyre
agitait surtout l'âme d'Eustelle. Songeant

que son père présidait ces horribles fêtes et partageait toutes les haines de cette multitude contre le nom chrétien, elle en ressentait une grande tristesse et s'offrait à Dieu, comme une victime d'expiation, pour sa famille et sa patrie.

Les temps sont bien changés ! Il nous souvient que, le jour où nous avons visité le champ des Arènes pour la première fois, des enfants jouaient sur le gazon, et, non loin de là, un troupeau de brebis cherchait, à travers les décombres, ces plantes que la perpétuelle jeunesse de la nature jette sur les vieux monuments, comme une dernière parure. En contemplant cette paisible scène dans les mêmes lieux autrefois témoins de tant de crimes et de hontes, nous bénissions Dieu des merveilleuses transformations opérées dans le monde par le Christianisme. Mais notre regard s'étant porté vers la colline où se réfugiaient nos pères, une douloureuse pensée traversa notre esprit. Nous nous disions : Après dix-huit siècles, Jésus-Christ n'a encore autour de lui que le petit nombre. La grande foule, insoucieuse et ingrate, méprise ses lois et déserte ses

autels. Il est la Vérité, et non-seulement on
ne croit pas à sa parole, on la blasphème ; il
est l'Amour, et il n'est pas aimé, et partout
se rencontrent des cœurs assez vils pour le
haïr ; il dispose du ciel et de l'éternité en
faveur de ceux qui travaillent et qui souffrent
pour lui, et l'on vit comme si la terre était
tout et le ciel rien, comme si les éternelles
récompenses n'étaient que de brillantes
chimères.

Ces tristes réflexions nous accompagnèrent jusqu'au tombeau de nos saints
martyrs. Là, après avoir demandé, pour
nous et pour les auxiliaires de notre épiscopat, ce zèle généreux des âmes qu'aucun
obstacle n'arrête, qui jamais ne se lasse et
qui, au prix de tous les sacrifices, étend le
règne de Jésus-Christ, notre cœur fut incliné
à prier particulièrement sainte Eustelle de
protéger les jeunes émules de sa piété,
afin que, marchant sur ses traces, elles
gardent inviolable le double trésor de leur
foi et de leur innocence, au sein de familles
dont, trop souvent, le chef et la plupart des
membres ne sont que de pauvres infidèles ;
en face d'une société, qui, par ses mœurs

redevenues païennes, semble avoir presque abjuré la doctrine du Rédempteur.

Notre chère Sainte a donné l'exemple d'une plus haute perfection. Après son baptême, elle avait ardemment désiré les communications intimes du cœur de Jésus dans l'union eucharistique. Admise au banquet de l'Agneau, elle en goûta toutes les douceurs, elle y puisa la force de répondre à toutes les exigences de l'amour divin. Car c'est de l'amour divin qu'il est surtout vrai de dire : « La première loi de l'amour est celle du progrès. Il ne peut vivre qu'à la condition de grandir. Il faut qu'il arrive, qu'il monte, qu'il se fortifie par joies et par souffrances, qu'il s'approfondisse par son bonheur, et plus sûrement encore, ici-bas, par ses épreuves et par ses sacrifices. » Cette loi du progrès, dans l'amour, est bien comprise des âmes que Jésus-Christ appelle à contracter avec lui une alliance à jamais indissoluble et sans partage. Telle fut Eustelle. Confident de ses désirs et témoin de sa vertu, l'Apôtre bénit ses engagements sacrés; et tandis que l'assemblée des fidèles était en prière, la généreuse enfant chantait dans

son cœur cette hymne de joie et de triomphe :
« Le Christ a posé sur mon front le signe de
son amour. A lui seul je garde ma foi, à
lui seul tout mon dévouement ! J'ai épousé
Celui dont les anges servent la majesté, dont
le soleil et les étoiles admirent la beauté ; il
m'a fait don de son anneau, il m'a orné de sa
couronne. J'aime le Christ, *amo Christum*. Oui,
je l'aime ; car, dans son alliance, je suis
chaste, je suis vierge ! *Cum amavero, casta
sum ; cum recepero, virgo sum.* »

Nous avons prêté à Eustelle les paroles de
sainte Agnès, parce que le cœur pur est
partout semblable, et que l'amour divin
retrouve partout, dans les âmes virginales,
les mêmes accents. Encore à présent, c'est
le beau cantique des fiancées du Christ au
jour de leur consécration ; car la famille des
vierges est immortelle. « Chaque jour, des
milliers de créatures aimées sortent des
châteaux comme des chaumières, des palais
comme des ateliers, pour offrir à Dieu leur
âme, leur corps virginal, leur tendresse et
leur vie. Chaque jour, parmi nous et partout,
des filles de grande maison et de grand cœur,
et d'autres d'un cœur plus grand que leur

2

fortune, se donnent, dès le matin de leur vie, à un Époux immortel. » (1) Elles vont, pour Dieu et pour leurs frères, tout ensevelir et tout consumer dans le secret des dépouillements volontaires et des saintes immolations. Cela fait, interrogez-les : elles vous diront qu'elles ont trouvé, dans le sacrifice d'elles-mêmes, toute la perfection de l'amour. Elles en réservent le trésor à Celui qui ne trompe pas et qui ne change jamais ; et à son service, elles goûtent des joies qui valent tout le prix dont elles sont payées, qui ne sont pas sans nuage parce qu'elles seraient sans mérite, et dont la douceur pénétrante, après avoir parfumé leur vie, embaume aussi leur mort. Heureuses donc les familles à qui le Ciel accorde cette bénédiction et cette gloire ! Plus heureuses encore les jeunes âmes attentives et dociles à l'appel divin !

(1) Montalembert.

II

L'heure du dernier combat approchait.
De sourdes rumeurs, comme les bruits de
l'Océan avant la tempête, annonçaient la
persécution contre les Chrétiens. Depuis
longtemps, le Gouverneur de la ville voyait
avec inquiétude les progrès de la religion
nouvelle, proscrite par les édits des Césars.
Peut-être soupçonnait-il la conversion d'Eustelle. Ses défiances et ses craintes étaient
encore excitées par les chefs des Druides,
alliés à sa famille, et qui possédaient, dans
le voisinage de Saintes, un des plus célèbres
établissements de leur caste. L'ensemble
des faits recueillis par la tradition nous
autorise à penser qu'Eustelle n'avait plus sa
mère. Au moment de la lutte décisive, elle
allait donc se trouver seule en face de
l'autorité paternelle, si absolue et si despo-
tique sous les lois de l'ancienne Rome.

C'est alors que le Gouverneur proposa à sa fille l'alliance d'un riche patricien qui sollicitait sa main. La jeune vierge n'hésita point. Elle se recueillit, éleva son âme à Dieu, et déclina l'honneur qui lui était offert. On devine aisément la scène qui dut suivre : l'étonnement, le dépit, la violence, d'une part ; de l'autre, la douceur ferme, la sérénité grave et fière. Le père, ému et blessé en même temps, presse son enfant. L'héroïque chrétienne, calme dans la candeur de son adolescence et dans l'énergie de sa foi, maintient son refus. Le païen irrité interroge, menace et veut savoir. Et, sans doute, la Vierge santone répond, comme le fera plus tard la patricienne de Rome : Je suis la fiancée du Christ ; à lui seul j'ai consacré éternellement ma foi et mon amour. — Insensée ! Choisissez la richesse et la gloire dans cette demeure qui sera la vôtre, ou bien la misère et la honte avec de vils esclaves. — Mieux vaut vivre fidèle sans demeure qu'adorer les faux Dieux dans un palais. — Prenez garde ! Les édits sont formels et je suis lieutenant des Empereurs. Il faut adorer les Dieux ou mourir. — Plutôt mourir que trahir ma foi. « La vraie vie, c'est le Christ, et la mort m'est un gain (1). »

C'était un premier martyre : car l'amour divin, au lieu d'éteindre les affections légitimes de la nature, les rend plus délicates et plus vives ; et la joie austère du sacrifice n'empêche pas le cœur de sentir l'angoisse des cruelles séparations. Chassée de la maison paternelle, humiliée et blessée dans les tendresses de sa piété filiale, Eustelle chercha un asile au milieu de la communauté chrétienne, à côté de l'ermitage de saint Eutrope. Là, sous les bénédictions du Pontife, dans la solitude et la prière, elle acheva de purifier et de fortifier son âme. C'était le fruit de l'olivier qui mûrissait, avant d'être détaché de la branche et présenté à l'autel ; c'était le riche épi qui s'inclinait au souffle de la grâce, au moment où la main des anges allait le cueillir et le porter à Dieu.

Cependant, le Gouverneur était visité par l'ennui et le remords, dans son palais désert.

(1) Philip. i. 21.

Peut-être l'image de sa fille proscrite lui apparaissait-elle, durant ses nuits sans sommeil, comme un reproche silencieux, mais inexorable. La violence n'ayant pas réussi, il résolut d'employer la douceur et la persuasion. La généreuse enfant, pour rester fidèle à Jésus-Christ, ferma son cœur à la séduction des promesses, comme elle avait méprisé les menaces. Après ce nouveau refus, la colère du Gouverneur éclata contre les Chrétiens. Il donna ordre à des sicaires de massacrer Eutrope et de ramener Eustelle dans son palais. L'Apôtre, par une calme soirée de printemps, descendait en priant de son ermitage. Au bas de la colline, entre la ville et les Arènes, les bourreaux le surprirent et se ruèrent sur lui. Au moment où il se relevait pour jeter un dernier regard vers le ciel, et peut-être une suprême bénédiction à ses chers chrétiens, l'un des assassins lui ouvrit la tête d'un coup de hache, et tous s'enfuirent, sans songer à s'emparer d'Eustelle. C'est au commencement du IIe siècle que mourut saint Eutrope. A lui remonte cette glorieuse série des Évêques de Saintes, qui, seize siècles plus tard, devait se clore comme elle avait commencé, dans le sang d'un martyr (1).

A la nouvelle de cette mort, Eustelle et les Chrétiens accoururent éperdus vers le lieu où gisaient les restes sanglants du saint Pontife. Ils les recueillirent avec respect et amour, et les transportèrent au sommet de la colline. Là, dans le silence de la nuit, une nuit de printemps, douce et sereine ; sous un ciel semé d'étoiles ; au milieu des premiers épanouissements de la nature à son réveil, symbole de la résurrection ; à la lueur tremblante des cierges et des torches, furent célébrées les funérailles de l'athlète du Christ. Toute l'assemblée sainte était dans les larmes. Mais il y a de la douceur à pleurer quand on croit aux réunions éternelles, et dès ici-bas un reflet de la gloire de Dieu couronne ceux qui sont morts héroïquement pour la vérité. Un sourire se mêlait donc à la tristesse des adieux. Des chants de victoire interrompaient les regrets et les sanglots. Les Chrétiens accompagnèrent leur martyr

(1) Mgr de Larochefoucauld, massacré dans l'église des Carmes à Paris.

à son sépulcre, comme les Romains condui-
saient leurs triomphateurs au Capitole.

Nous lisons dans les anciens récits que,
par les soins d'Eustelle, le corps fut déposé
dans un sarcophage de pierre, et un autel
construit sur le glorieux tombeau. Ces pieux
devoirs remplis, la jeune vierge, deux fois
orpheline, n'aspira plus qu'à mourir pour
Jésus-Christ, et à suivre dans le ciel celui
qui l'avait initiée aux saintes ambitions de
la foi. L'intrépidité gauloise et peut-être
l'inflexibilité romaine, complétées, dans
cette âme chaste, par l'énergie surnaturelle
de la grâce, lui avaient fait une de ces
volontés qui sont capables de tous les sacrifices et de tous les dévouements ; d'autant
plus fortes que le cœur est plus tendre, l'élan
plus prompt, l'amour plus vif et plus pur.
Mais il nous semble que, dans l'enthou-
siasme de sa foi, Eustelle devait souhaiter
une autre mort que celle d'Eutrope. Com-
paraître devant les persécuteurs assemblés
comme des juges, subir leur interrogatoire
et rendre publiquement témoignage à la
vérité ; proclamer en face de tous son amour
pour Jésus-Christ ; protester contre l'inanité

des idoles, et redire à la foule étonnée les grandeurs de l'Évangile ; descendre calme et fière sur l'arène de l'Amphithéâtre, puis tomber joyeusement sous la hache des bourreaux : voilà sans doute le drame héroïque et le triomphe qu'avait entrevus la généreuse chrétienne, saluant à l'avance la gloire du martyre.

Ce beau rêve d'Eustelle ne devait pas être réalisé. Elle aussi était destinée à cette mort sans éclat de la victime qui tombe par surprise sous le fer d'un assassin. D'après une tradition, le meurtre fut commandé par le Gouverneur à cinquante sicaires, pour une somme de cinquante écus. Il existe une autre tradition, plus empreinte des souvenirs de la cruauté barbare que la haine du Christianisme mettait au cœur des païens. Eustelle aurait reçu la mort de la main de son père ! Assaillie à l'improviste pendant qu'elle priait, et reconnaissant parmi ceux qui la menaçaient son père lui-même, elle fut saisie d'horreur, et pour lui éviter ce crime, elle s'échappa de son oratoire et descendit en courant vers l'Amphithéâtre. C'est là, au pied des hauts murs d'enceinte du cirque, qu'Eustelle fut blessée mortellement. En tombant, elle s'enveloppa du long voile des vierges qu'elle portait. Et la légende populaire assure qu'à l'endroit même où le premier flot de son sang toucha le sol, jaillit la source qui porte aujourd'hui le nom de « Fontaine de sainte Eustelle » : gracieux symbole des bénédictions que la mémoire des Saints répand sur la terre, et dont la source ne s'épuise jamais ! (1)

Frappé de stupeur ou mystérieusement troublé à la vue du sang de sa fille, le Gouverneur recula sans achever sa victime. Eustelle respirait encore. Elle vit s'éloigner les hommes cruels et vils qui l'avaient poursuivie, et toutes les délicatesses de sa vertu furent rassurées. Elle put sourire aux Chrétiens qui l'entouraient, attendris et consternés, et qui recueillaient, avec une tendre vénération, les vestiges de ce sang virginal, répandu pour Jésus-Christ. Elle exprima le désir d'être ensevelie près du tombeau d'Eutrope ; puis elle expira, heureuse de s'être immolée à Dieu, suavement

_____

(1) Eccli. XLV. 1.

emportée au ciel, comme une perle de rosée qu'absorbent les rayons du soleil, comme un ange qui reviendrait, prompt et joyeux, après s'être acquitté d'un message. Ainsi, lorsque la mort a brisé la dernière entrave, s'envolent les âmes qui, dans l'innocence ou le repentir, ont vécu pour Dieu. Peut-être leur existence a été un long sacrifice. Mais « le plaisir de mourir sans peine vaut bien la peine de vivre sans plaisir (1). » Du reste, la vie n'est qu'une rapide traversée. Si la mer a des tempêtes, c'est l'occasion d'aspirer avec plus d'ardeur à la sérénité des rives éternelles. L'âme se dit que rien n'est long de ce qui doit finir. Elle marche, guidée par la foi et soutenue par l'espérance. Puis, un jour, l'Éternité fait signe au temps. Autour d'une couche transfigurée que l'Église bénit, que Jésus-Christ visite, quelle paix et quelle gloire ! O magnificence de l'âme ! ô sublimité de la mort ! Est-ce un sacrifice ou un triomphe ? Voilà que le monde s'efface de plus en plus ; les harmonies célestes préludent, les anges s'inclinent vers la terre.

(1) Sainte Thérèse.

Alors le regard se lève pour se fixer ; les lèvres pâlissent en murmurant une prière ; l'âme tressaille ; la foi entend un chant de délivrance, dans le dernier soupir d'un amour à jamais satisfait. Sainte victime, quel rayon de joie a donc illuminé vos traits au moment du départ ? Qu'avez-vous vu en nous quittant ? Jésus-Christ qui venait à votre rencontre et vous tendait la main. Et il n'était pas seul, il vous amenait tous vos amis... tous ceux que vous avez pleurés et qui se sont endormis avant vous dans la paix de Dieu.

Eustelle avait donc rejoint au ciel le père de son âme. On respecta les derniers vœux de sa piété filiale. On crut même qu'il convenait de faire plus qu'elle n'avait demandé, et de lui donner avec saint Eutrope une sépulture commune. Ainsi seraient unis dans la même vénération le premier Apôtre et la première Sainte, le premier Évêque et la première Martyre de cette terre si longtemps rebelle aux inspirations de la foi. Les chrétiens de tous les siècles viendraient les prier au bord du même tombeau, au pied des mêmes autels, et ces deux témoins de la vérité, le Pontife et la Vierge chrétienne, élèveraient ensemble la voix pour raconter aux générations les victoires de l'Évangile et le bonheur de mourir pour Jésus-Christ.

III

Quelle gloire pour notre Église d'avoir su garder ces corps qui ont *porté et glorifié Dieu !* (1) Il y a un culte domestique pour les souvenirs de famille, et les liens du sang, quoique brisés par la mort, rendent chers et sacrés les objets qui rappellent le souvenir de ceux que nous avons aimés. Il y a également un culte pour les grands hommes qui ont sauvé leur pays, qui ont honoré l'humanité par leur génie ou leurs vertus. On cherche les traces de leur passage sur la terre ; on aime à contempler leur portrait et à lire les caractères que leur plume a tracés. Pourquoi n'y aurait-il pas un culte religieux en l'honneur des héros morts pour Dieu et pour la patrie immortelle ? Et puisque c'est le besoin impérieux de notre cœur de vouloir être plus fort que la mort, puisque

(1) Ad Cor. vi. 20.

toutes les affections grandes et nobles
aspirent à se survivre à elles-mêmes et se
proclament éternelles, pourquoi n'aurions-
nous pas la consolation d'entretenir, par-
delà le tombeau, un commerce de prière et
de reconnaissance avec ceux que nous
appelons les amis de Dieu et nos amis, des
protecteurs, des frères, des concitoyens, des
aïeux ? Pourquoi enfin nous serait-il défendu
de vénérer les reliques des Saints ? « L'Évangile, a dit un écrivain célèbre, n'est pas la
mort du cœur, il en est la règle, et le culte
des Reliques a ses racines dans les plis et
replis de la nature humaine. » Ce ne sont
peut-être que des ossements, mais qui évan-
gélisent encore, et qui rendent des oracles
au milieu des ombres de la mort. Ce n'est
qu'une poussière ; mais cette poussière a été
pénétrée d'un souffle de vie si puissant que,
sans attendre l'heure où elle ressuscitera
immortelle, les semences que Dieu y a
déposées fleurissent dès le temps présent,
et répandent dans les âmes des parfums de
grâce et de vertu ! (1)

(1) Eccli. xlviii. 14 ; xlix. 18.

C'est donc une œuvre admirable de sentiment, de raison et de foi qu'accomplissent
de nos jours tous les diocèses de France,
lorsqu'ils décernent des ovations triomphales
aux restes sacrés de leurs pontifes, de leurs
docteurs, de leurs vierges, de leurs martyrs.
C'est en même temps une œuvre de justice ;
car non-seulement ces morts glorieux ont
été oubliés et méconnus, on les a outragés
jusque dans leurs sépulcres ; l'hérésie et
l'impiété ont renversé leurs images, dis-
persé leurs cendres, profané leurs autels.

Il s'agit de réparer les ingratitudes et les
injures du passé. Elles n'ont pas été épar-
gnées à saint Eutrope et à sainte Eustelle.
Mais nous ne voulons rappeler ces souvenirs,
que pour citer quelques traits de la piété de
nos pères. Au ve et au vi^e siècle, deux grands
Évêques, saint Léonce de Bordeaux et saint
Pallais de Saintes, réédifièrent successive-
ment, sur la tombe de nos martyrs, un
temple dont Fortunat de Poitiers et Grégoire
de Tours ont signalé la magnificence. Vers
la fin du xie siècle, les religieux de Cluny
agrandirent l'église et la crypte et nous lais-
sèrent le monument qui est encore debout

aujourd'hui, quoique tristement mutilé par
le vandalisme des révolutions. Après cette
renaissance brillante du culte de saint
Eutrope et de sainte Eustelle, le silence se
fit de nouveau autour de leur mémoire ; la
chaîne des traditions fut brisée, et l'on crut
longtemps que les saintes reliques avaient
été brûlées et jetées au vent par la haine des
sectaires, pendant les troubles religieux du
xvi⁰ siècle. C'est en mil huit cent quarante-
trois seulement que fut retrouvé le tombeau,
tel que l'histoire en avait transmis la des-
cription authentique. Deux années plus tard,
Monseigneur Villecourt, notre prédécesseur
de si douce et si pieuse mémoire, célébra
par des fêtes solennelles cette découverte,
qu'il aimait à proclamer sa meilleure joie et
une grâce privilégiée accordée à son épiscopat.

C'est la pensée qu'exprimait saint Am-
broise en une circonstance semblable (1); et
saint Augustin, annonçant l'invention des
reliques de saint Etienne, disait à son peuple :

(1) Etsi hoc Dei munus est, tamen gratiam quam tem-
poribus sacerdotii mei Dominus Jesus tribuit, negare non
possum.

« Le corps longtemps ignoré du premier des martyrs vient d'être révélé au monde, comme ont coutume de l'être les corps des Saints, au moment choisi par le Créateur. » Cette disposition providentielle n'a pas changé. Nos martyrs ont reparu parmi nous, au jour et à l'heure qui convenaient pour la gloire de Dieu et pour le bien des âmes. En priant près de leur tombeau, en leur décernant de nouveaux honneurs, nous avons rendu témoignage à la vertu du sang de Jésus-Christ et à la puissance de son amour ; nous nous sommes souvenus des *anciens jours* de la foi, qui furent les plus beaux ; nous avons ravivé en nous la sève appauvrie du courage chrétien. N'y a-t-il pas, dans les exemples des Saints, une sorte d'attraction divine qui élève les cœurs au-dessus d'eux-mêmes ? Est-ce qu'au contact de ces grandes âmes, ne s'éveille point un sentiment de généreuse émulation qui nous crie : « Pourquoi ne feras-tu pas ce que tant d'autres ont fait avant toi ? »

Or, le nom de sainte Eustelle n'est pas encore assez connu, assez aimé. Nous ne sommes pas assez fiers de cette héroïne, qui nous appartient par son berceau comme par son sépulcre, par sa naissance à la gloire comme par sa naissance terrestre. C'est la fleur de nos Saints, c'est la joie de notre Église, c'est le plus beau diamant de sa couronne ; et ce diamant brille d'un vif éclat, dans cet écrin des gloires de la foi qui s'appelle les *Actes des Martyrs*.

Nous demandons pour sainte Eustelle un plus riche tribut d'hommages. C'est le devoir de tous, car elle est pour tous une puissante protectrice auprès de Dieu et un admirable modèle. Il convient cependant de nous adresser d'une manière spéciale à vous « qui êtes jeunes, mais déjà forts et vaillants, en qui habite le Verbe divin, et qui avez vaincu l'ennemi : *Scribo vobis, juvenes, quoniam fortes estis et Verbum Dei manet in vobis, et vicistis malignum.* » (1). Vous avez plus de titres au patronage de cette sœur du Ciel, votre propre martyre à vous, *peculiarem vobis martyrem*. C'est votre droit de l'honorer et de l'invoquer avec plus de confiance, avec une piété plus vive, avec une affection toute fraternelle.

(1) Joan. Ep. ii. 13.

Ainsi l'a aimée cette douce imitatrice de ses exemples, Marie-Eustelle Harpain, qu'un éloquent apologiste (1) appelle la Thérèse française, et à qui l'admiration populaire a donné le nom encore plus beau d'Ange de l'Eucharistie. Bien des fois, tandis que nous reproduisions les traits de la Vierge chrétienne des premiers âges, notre pensée s'est arrêtée sur cette autre figure suave et ascétique, vierge aussi, portant le même nom, dans la même cité, et nous présentant le spectacle des mêmes vertus, parce qu'elle avait dans son cœur un pareil amour. Que de similitudes et quels contrastes ! Eustelle, la patricienne de race illustre, naît dans un palais, vit proscrite, et meurt martyre ; Marie-Eustelle, la fille du peuple, vit et meurt dans l'obscurité ! Mais toutes les deux, épouses du Christ, ont su combattre et souffrir pour lui. Si l'une a vaincu la persécution, et nous apparaît avec l'auréole du triomphe, au-dessus des Arènes, l'autre a offert, sur l'autel de son cœur, ce sacrifice qui *renouvelle l'esprit et les sens*, et dans lequel

---

(1) M. Nicolas. *Études philosophiques.*

on s'immole comme *une hostie vivante, sainte
et agréable à Dieu* (1). Nous la voyons dans une
lumière plus voilée, au pied du tabernacle
qui fut la sublime passion de toute sa vie.
Elle appartient à cette famille des martyrs de
l'amour qu'on rencontre, à côté des martyrs
du glaive, dans toute la suite des siècles
chrétiens : douces et glorieuses victimes,
dont l'âme a été crucifiée avec Jésus-Christ,
dont le cœur était tout saignant, tout mutilé
par le sacrifice, qui souffraient de ne pas
assez souffrir au gré de leur amour, qui
mouraient de ne pouvoir mourir ! Un jour,
nous l'espérons, il nous sera permis de
mêler, dans nos prières et dans les honneurs
d'un même culte, le nom de Marie-Eustelle
à celui de sa sainte patronne. Mais déjà notre
piété aime à rapprocher leurs souvenirs, et
à les voir, se donnant la main, au milieu du
cortége des Vierges « qui suivent l'Agneau
partout où il va, et chantent sur ses pas le
Cantique nouveau ». (2)

Souffrir et mourir pour Jésus-Christ, telle

(1) Ad Rom. xii. 1.
(2) Apoc. xiv. 4.

est l'unique ambition des Saints. Ils com-
prennent qu'en imitant la Passion du
Sauveur, ils peuvent, selon le mot de
Bossuet, remporter un avantage sur les
Anges eux-mêmes. En effet, ces bienheu-
reuses intelligences se tiennent devant le
trône de Dieu comme des victimes brûlantes
d'une charité éternelle ; mais leur nature
impassible ne leur permet pas de faire
parmi les souffrances une généreuse épreuve
de leur affection, ni de mériter cette gloire si
douce à celui qui aime : se dévouer et, au
besoin, mourir pour l'objet aimé. Or, durant
sa vie terrestre, Jésus-Christ a offert deux
sacrifices : l'un sur le bois de la Croix,
lorsqu'il donna aux hommes, en mourant
pour eux, la preuve souveraine de l'amour ;
l'autre qu'il n'interrompait jamais, et dont
son cœur était le temple et l'autel. Ce que
Jésus-Christ a fait, l'Eglise le fait à son tour :
elle offre deux sacrifices. Est-ce que vous
ne la voyez pas, à chaque instant, monter
au Calvaire, une couronne d'épines à son
front, sa chair en lambeaux, sa robe vir-
ginale couverte du sang de ses enfants ?
Mais l'Église subit d'autres tourments,

d'autres douleurs plus intimes : ce sont les immolations lentes et silencieuses, les amertumes cachées au fond de l'âme, les croix qui déchirent surtout le cœur. C'est la meilleure part du calice de Jésus-Christ. Elle a été réservée à Marie la Vierge immaculée, à Madeleine l'admirable pénitente, à saint Jean le disciple bien-aimé.

S'il est beau, en effet, de signer la vérité de tout son sang et de s'immoler dans un généreux sacrifice qui couronne à la fois le combat et la vie, manquerons-nous à la gloire des héros du Christianisme en disant que le cœur humain est capable de ces coups d'éclat? Quand il a été comme arraché au présent et à lui-même par les grandes pensées de la foi, je ne m'étonne point qu'il rêve d'emporter la victoire de haute lutte et de prendre le ciel d'assaut. Ce qui déconcerte, ce qui épouvante parfois les plus magnanimes et les plus forts, c'est la continuité du sacrifice et de l'immolation ; c'est de se renoncer tous les jours et de mourir à soi, pour vivre de la vie de Jésus-Christ, pour être pauvre comme lui, doux et humble, patient et miséricordieux comme

lui ; c'est de marquer l'empreinte de la
Croix dans son esprit, dans son cœur, dans
ses sens, dans son être tout entier. Aussi,
l'Esprit-Saint a prononcé cet oracle : « Celui
qui dompte son cœur a plus de gloire que
celui qui emporte les villes d'assaut. » (1)
Saint Paul lui-même a trouvé un jour sa
grande âme à bout de force et de constance.
Vous l'entendrez, dans les transports de sa
confiance en Dieu, jeter à toutes les puis-
sances de la terre et du ciel ce sublime défi :
« Qui donc pourra me séparer de la charité
de Jésus-Christ ? » (2) Et ce défi, il saura
le tenir ; mais il faut d'abord qu'accablé sous
le poids de ses propres infirmités, il fasse
retentir ce cri de détresse : « Qui me déli-
vrera ? » *Quis me liberabit a corpore mortis
hujus ?* (3)

Telle est notre destinée à tous. Enrôlés
par le baptême dans l'armée de Jésus-Christ,
nous avons fait, au jour de la confirmation,
notre serment de fidélité militaire. Nous
avons promis de vaincre, dans ce combat

(1) Prov. xvi. 32.
(2) Ad Rom. viii. 35.
(3) Id. vii. 24.

terrible et sans trève des sens contre la raison, de la raison contre la foi, du monde contre l'Évangile, de la nature contre la grâce, du plaisir contre le devoir. Il n'y a plus à reculer. En avant, c'est la *chair* à sacrifier avec ses penchants, ses goûts, ses instincts bas et pervers ; en arrière, c'est l'*esprit*, la partie divine de notre âme, avec ses nobles inclinations, ses sentiments élevés, ses aspirations pleines d'immortalité. Or, la victoire ne peut rester toujours incertaine, et en face de tout chrétien se pose cette formidable alternative : être perdu éternellement ou conquérir le ciel.

DEUXIÈME
LETTRE PASTORALE
DE
MONSEIGNEUR L'ÉVÊQUE
DE LA ROCHELLE ET SAINTES.

RESTAURATION

DU

CULTE DE SAINTE EUSTELLE

—

Dans notre Lettre pastorale sur l'Histoire et le Culte de sainte Eustelle, nous avons fait à votre piété un pressant appel, demandant un plus riche tribut de louanges pour l'héroïque vierge qui nous appartient par son berceau et par son sépulcre. Nous aimons à la saluer comme la première fleur que la grâce de l'Évangile ait fait germer sur notre sol, comme une des gloires les plus pures de notre Église et le plus beau diamant de sa couronne ; et — nous l'avons dit avec tristesse — le nom de sainte Eustelle n'est pas assez connu, assez aimé ! Chose étonnante ! ce nom ne figure point parmi ceux des Patrons choisis pour les églises et chapelles de notre Diocèse ; aucun monument n'a été élevé en son honneur : c'est un oubli qu'il est juste de réparer. Notre cœur nous presse d'y employer nos efforts : il vous sera doux de vous associer à cette œuvre, inspirée par un sentiment à la fois religieux et patriotique.

Comme premier hommage à notre chère martyre, nous avons décidé de mettre sous le vocable de sainte Eustelle une des chapelles de notre église Cathédrale, après y avoir fait exécuter les travaux qui la rendront digne de sa nouvelle destination. La Cathédrale est l'église-mère, le siége de l'évêque ; il convient que les principales dévotions, les grandes mémoires, les antiques souvenirs qui intéressent le Diocèse trouvent là une sorte de représentation. Mais nous voulons que la décoration de ce nouveau sanctuaire soit marquée d'un caractère élevé et religieux. Soyons heureux d'offrir à Jésus-Christ une part de notre superflu, d'apporter une aumône personnelle à Celui qui est le souverain Riche, et qui, dans le tabernacle, s'est fait pauvre par tendresse pour nous !

Il est si doux aussi d'entourer les mémoires que nous vénérons de témoignages extérieurs qui soient l'expression de la sincérité de notre amour ! Orner les monuments des Saints, c'est, au dire de saint Grégoire de Nysse, une preuve d'affection fraternelle : *Fratres sunt... qui ornant.* Réflexion délicate et vraie ! Rien ne plaît tant au cœur que d'enrichir, de parer, d'embellir ce qu'il aime ! C'est donc notre désir que dans la Chapelle de Sainte-Eustelle, tout soit, sinon riche, du moins beau et digne d'elle ; que tout y respire la fraîcheur de la jeunesse, la grâce de la virginité, l'héroïsme du martyre.

Le Catéchisme de Persévérance de La Rochelle a donné l'exemple en apportant, le premier, son offrande, pour la décoration de cette chapelle ; les jeunes chrétiennes, qui trouvent dans la science de la Religion un encouragement à la charité, ont été heureuses de payer ce modeste tribut à leur sœur du ciel, leur aînée dans la foi et leur modèle dans la vertu. Puisse leur exemple être suivi par toutes les Associations et Congrégations de jeunes personnes ! Et lors-

qu'elles traverseront notre ville épiscopale,
elles seront heureuses de prier et de reposer
un moment leur cœur, dans le sanctuaire
qui sera *leur chapelle*, aux pieds de la Sainte
devenue la patronne de leur âge !... Toutefois nous ne restreignons point à elles seules
cette invitation. Nous espérons que beaucoup
de pieux fidèles seront inclinés à une dévotion
particulière envers notre Sainte, et s'em-
presseront de prêter à cette œuvre leur généreux concours. Qu'ils donnent « à sainte
Eustelle », comme s'exprimaient nos pères
dans leur religieux langage, quand il s'agis-
sait de contribuer à la construction ou à
l'embellissement d'un édifice consacré à la
mémoire de quelque grand serviteur de
Dieu ! Dans leur pensée, le temple s'identi-
fiait avec son patron ; ou plutôt, — tant était
profonde dans leur cœur cette touchante
conviction de la présence au milieu d'eux de
leurs célestes intercesseurs ! — l'offrande
destinée au Sanctuaire était faite au Saint
lui-même, et l'édifice matériel disparaissait
à leurs yeux pour ne laisser apparaître que
son protecteur invisible.

Dans notre Chapelle pieusement décorée,

simple comme l'innocence et radieuse
comme la sainteté, dont elle nous rappellera
les triomphes, avec quelle consolation nous
viendrons, à notre tour, recommander à la
vierge Santonne tous ses bienfaiteurs, et en
particulier, toutes les jeunes âmes que nous
lui donnons aujourd'hui comme clientes,
en confiant à son aimable et fraternel
patronage leur jeunesse, leurs espérances,
leurs aspirations délicates, leurs joies et
leurs peines, leur vie et leur mort !

Après notre église Cathédrale, il est un
autre lieu où le souvenir d'Eustelle doit être
plus vénéré. La cité qui la vit naître et mourir
n'aurait-elle donc aucun sanctuaire qui lui
fût spécialement consacré, et qui groupât
autour de son autel des âmes saintement
jalouses d'invoquer son nom et de repro-
duire ses vertus ?

Déjà, sur la colline qui abritait, au temps
des persécutions, la première communauté
de fidèles, l'église dédiée à saint Eutrope,
renfermant dans le même tombeau les restes
de l'évêque et de la vierge des Santons,
permet d'y réunir leurs deux mémoires dans
les honneurs d'un même culte. Comment,

4

en effet, s'agenouiller devant les reliques de
notre grand apôtre sans reporter un regard
attendri vers la douce martyre qui fut la
plus glorieuse conquête de son apostolat ?
Mais cela ne suffit pas à la gloire de son
culte et au besoin de nos cœurs. Il convient
qu'Eustelle ait son temple à elle, dans la
patrie de ses pères.

Or, sur la colline parallèle au coteau que
domine l'église de Saint-Eutrope, il existe
un asile pieux, séparé des agitations de la
foule, et d'où le regard découvre un immense
horizon, par-delà les prairies que baigne le
fleuve. Là, jadis, des Filles de Sainte-
Thérèse, dans le recueillement de leurs
jours et le silence des nuits, offraient à Dieu
l'intercession continue de la prière et de la
pénitence : chastes épouses de Jésus crucifié,
saintes victimes du sacrifice volontaire,
douces martyres de l'éternel amour !
D'après une opinion que la science n'a point
contredite, là même est l'emplacement sur
lequel s'élevait, au temps de la domination
romaine, le palais du représentant des
Césars. Là Eustelle serait née ! Là auraient
grandi son enfance et sa jeunesse ! Là, sous

les regards des anges, la grâce aurait ouvert
son âme aux premières inspirations de la
foi et aux premiers élans de son virginal
amour !... Quel site serait mieux choisi pour
relever son culte, pour lui donner un centre
où se rencontreraient, avec les plus précieux
souvenirs de l'histoire, les gracieuses images
du présent et les consolantes espérances de
l'avenir ! Car, si les malheurs des temps ont
chassé de leur demeure les vierges du
Carmel, l'antique monastère, toutefois, n'a
point entièrement perdu son attribution
primitive. Les Filles de Sainte-Thérèse ont
fait place aux Sœurs de Sainte-Marie de la
Providence. La maison du silence a changé
d'aspect ; mais la prière y retentit encore
et la virginité y fleurit toujours. Le désert
s'est peuplé, la solitude a tressailli (1).
A l'abri des vieux cloîtres, dans les allées
embaumées des jardins, sous l'ombrage des
longues charmilles et des bosquets, des
essaims de jeunes filles répandent les parfums de leur cœur, l'éclat de leurs chants et
la gaieté de leurs jeux. La vie et la jeunesse

(1) *Exultabit solitudo et florebit sicut lilium.* — Isaïe,
XXXV, 1.

animent ces calmes retraites. Sous l'influence bienfaisante de l'éducation chrétienne et la douce chaleur de la piété, tout a reverdi ; le vieux sol porte ses nombreuses gerbes d'âmes en fleurs.

Et voilà que, réalisant des vœux déjà anciens, la Congrégation des Sœurs de Sainte-Marie de la Providence a voulu offrir à Dieu une maison plus digne de lui. L'exécution de ce projet, confiée à un architecte d'intelligence et de goût, a répondu à toutes les espérances. Le monument, malgré ses proportions modestes, constitue un ensemble harmonieux, frais et pur comme la jeunesse, grave et doux comme la prière. Retour merveilleux des choses, et touchante transformation ! A la place du berceau d'Eustelle s'élèvera son temple ! Dans ces lieux, où la courageuse néophyte fut chassée de sa demeure par la violence païenne, la martyre reviendra en triomphe pour proclamer une fois de plus que Jésus-Christ a vaincu le monde !... Le palais du père changé en un pieux sanctuaire dédié à la fille ! La jeune vierge voyant, chaque jour, se grouper à ses pieds, dans l'attitude de la confiance et de la vénération religieuse, des jeunes filles, ses compatriotes et ses émules, désireuses de se transmettre d'âge en âge, la tradition de ses fêtes, l'exemple de ses douces et fortes vertus, les témoignages de sa protection fraternelle ! N'est-ce pas la plus heureuse réalisation de nos désirs et la restauration la plus glorieuse du culte de sainte Eustelle ? Nous bénissons Dieu des circonstances qui nous permettent d'accomplir ce religieux dessein : c'est une des meilleures joies de notre épiscopat.

Nous convions tous nos bien-aimés diocésains aux solennités qui se préparent. Mais si le culte de sainte Eustelle doit être cher à tous, il convient particulièrement aux jeunes personnes. Elles ont plus de droits au patronage de l'aimable Sainte ; elles doivent l'invoquer et l'honorer avec une plus tendre piété.

Le nom d'Eustelle exprime l'idée d'un *guide fidèle*, d'une *bienfaisante étoile*, qui brille au ciel et que le voyageur interroge dans la nuit pour reconnaître sa route et diriger ses pas. Or, à cet âge de l'adolescence où la vie surabonde, où l'imagination est si ouverte à

tous les rêves et le cœur si riche d'espérances, que de périls autour des âmes ! Que
d'illusions peuvent les tromper sur le but
de la vie et sur le chemin qu'il faut suivre
pour aller à Dieu ! Alors, l'avenir semble
s'étendre vers des horizons sans limites ;
alors, on a soif de jouir du présent sans souci
du lendemain ; alors, le goût des plaisirs
frivoles fascine le regard et obscurcit les
charmes de la vertu : « *Fascinatio nugacitatis
obscurat bona.* » Il faut à l'âme un rayon de
lumière divine pour lui apprendre à lire sous
le voile des choses qui passent, les secrets
des réalités éternelles. Il faut une voix
du ciel pour lui faire entendre que la vie
n'est pas une fête, mais un travail et un
combat ; que les joies du présent sont incom-
plètes et fugitives ; que le désenchantement
suit les affections humaines ; que l'ennui
vient après le plaisir ; que le remords succède
au péché. Eustelle sera, pour ses sœurs de la
terre, cette voix et ce rayon : l'Etoile et le
Guide. Qu'elles s'inspirent donc de la pureté
de son cœur et de son courage précoce dans
les luttes de la vertu, de la vivacité de sa foi
et de la force de son amour pour Dieu et pour

le ciel ; qu'elles imitent le modèle proposé à leur pieuse émulation : et « leur vie sera un droit et blanc sillon de neige où nulle tache ne viendra marquer la trace de leurs pas ! »

Cette Lettre pastorale, datée du 30 avril 1876 , fête de saint Eutrope, martyr et premier Evêque de Saintes, se terminait par le MANDEMENT de Monseigneur l'Evêque pour la Restauration du culte de sainte Eustelle. Le Mandement était ainsi conçu :

ART. Ier.

Sainte Eustelle, vierge et martyre, sera honorée d'un culte particulier , comme protectrice de la jeunesse chrétienne dans notre Diocèse.

ART. II.

Nous mettons sous son patronage toutes les jeunes personnes, les Associations de Persévérance et les Congrégations d'Enfants de Marie, en leur recommandant le renouvellement annuel de cette consécration.

Art. III.

Cette solennité sera célébrée, chaque année, le 21 mai, fête de sainte Eustelle, ou le dimanche qui suivra. Elle sera annoncée au prône, le dimanche précédent. Les enfants qui fréquentent les écoles et les jeunes congréganistes y seront plus particulièrement invitées.

Nous engageons nos pensionnats religieux à donner à cette solennité une pompe et un éclat plus marqués.

Art. IV.

Une quête sera faite, dans toutes les églises et chapelles du Diocèse, à la messe et aux vêpres, le dimanche 21 courant ou le dimanche suivant, pour contribuer à l'érection et à la décoration de la chapelle dédiée à sainte Eustelle dans notre église Cathédrale. Cette quête devra être annoncée le dimanche précédent.

Nous exprimons le désir, en outre, qu'une souscription soit ouverte pour le même objet, dans les écoles et pensionnats de jeunes personnes, pendant le courant du mois de mai.

Art. V.

Le produit de cette quête sera versé par MM. les curés à la Chancellerie. Les souscriptions pourront être remises à MM. les curés pour être jointes à la quête, ou adressées directement à l'Évêché.

Art. VI.

Des fêtes solennelles seront célébrées à Saintes, les 20 et 21 mai, en l'honneur de sainte Eustelle ; elles seront présidées par Son Éminence le cardinal-archevêque de Bordeaux, notre métropolitain ; nous invitons les fidèles de notre Diocèse à y assister. Nous accordons 40 jours d'indulgence à tous ceux qui prendront part à ces solennités.

NOTES

Sur le culte de saint Eutrope

ET DE SAINTE EUSTELLE.

NOTES

Sur le culte de saint Eutrope

ET DE SAINTE EUSTELLE.

Au culte de sainte Eustelle qui, dans le cœur des fidèles du Diocèse, doit rester uni à celui de saint Eutrope, comme leurs cendres le sont dans un même tombeau, se rapportent de précieux priviléges accordés par les Souverains Pontifes, soit aux fêtes de nos glorieux martyrs, soit à l'église qui recouvre leurs reliques vénérées. Il ne sera point inutile d'indiquer, en quelques mots, ces priviléges à ceux qui les ignoreraient.

I

PRIVILÉGES

Qui se rapportent au culte de saint Eutrope.

Enonçons d'abord les concessions pontificales qui ont trait au culte de saint Eutrope.

Par rescrit en date du 30 septembre 1858, les prêtres qui désirent célébrer une *Messe votive* du saint martyr, pourvu que ce soit aux jours où la Rubrique autorise les messes de cette nature, ont la permission de remplacer les *Collecte* et *Secrète* de la fête, précédemment approuvées par le Saint-Siége, en une *Collecte* et une *Secrète spéciales*, dont voici le texte :

ORATIO.

Da, quæsumus, omnipotens Deus, Ecclesiæ tuæ in hac commemoratione sancti Eutropii lætitiam ; ut cujus reliquias pio amore veneramur in terris, ejus intercessione sublevemur in cœlis. Per Dominum...

COLLECTE.

Dieu tout-puissant, nous vous en prions, donnez la joie à votre Église dans cette commémoraison du bienheureux Eutrope ; et faites que, vénérant avec un pieux amour ses reliques sur la terre, nous puissions, par sa prière, être exaltés dans les cieux. Par N. S. J.-C...

SECRETA.

Deus, qui custodis ossa sanctorum tuorum et liberas animas eorum, da nobis, martyris tui atque pontificis Eutropii commemorationem solemni sacrificio celebrantibus, ut complantati similitudini mortis Domini, simul et resurrectionis simus. Per eumdem Dominum...

SECRÈTE.

O Dieu, qui gardez les ossements de vos saints et délivrez leurs âmes, faites que, célébrant par un sacrifice solennel la mémoire de votre martyr et pontife Eutrope, après avoir été greffés en Jésus-Christ par la ressemblance de sa mort, nous le soyons aussi **par la ressemblance de sa résurrection. Au nom du même J.-C. N.-S.**

Cette permission de dire une messe commémorative spéciale, d'abord restreinte aux jours autorisés par la Rubrique pour la célébration des messes votives, fut étendue, l'année dernière, en faveur des prêtres qui vont en pèlerinage au tombeau de saint Eutrope, dans les termes suivants :

« Chacun des prêtres qui iront en pèlerinage
» à l'église de Saint-Eutrope, pourra dire, *une*
» *fois, à son tombeau, la Messe propre du saint*
» *martyr et pontife,* suivant le rit votif, excepté
» les *Doubles de première* et *de seconde classe,*
» les *Dimanches* et les *Fêtes de précepte,* les
» *Féries, Vigiles* et *Octaves privilégiées,* en se
» conformant aux Rubriques. » (1)

(1) ... Ut singuli sacerdotes ad ecclesiam in precibus (Saint-Eutrope) peregrinantes, *semel, ad sepulchrum sancti Eutropii,* missam propriam de eodem sancto pontifice martyre more votivo celebrare possint, exceptis Duplicibus primæ et secundæ classis, Dominicis et Festis de præcepto servandis, Feriis, Vigiliis et Octavis privilegiatis ; dummodo Rubricæ serventur.

(Rescrit du 4 mars 1875.)

La concession première, étendue quant au nombre des jours, est limitée, on le voit, à la célébration de la messe *au tombeau* du saint martyr, *ad sepulchrum sancti Eutropii*, et pour *une seule fois* chaque pèlerinage, *semel*.

D'autre part, les Souverains Pontifes ont enrichi de précieuses indulgences la dévotion au grand Apôtre de notre Saintonge. Déjà quatre ans avant la découverte de son tombeau, Grégoire XVI, par rescrit du 23 avril 1838, avait accordé, à perpétuité, une *Indulgence plénière* applicable aux défunts, à tous les fidèles qui, visitant l'église de Saint-Eutrope, y prieraient aux intentions du Pape, après s'être confessés et avoir communié. L'indulgence peut être gagnée, une seule fois, depuis les *premières Vêpres du jour de la fête,* 30 avril, *jusqu'au coucher du soleil de l'Octave,* 7 mai.

Cette faveur vient, récemment, d'être complétée.

Un rescrit du 14 février 1873 concède à perpétuité une *Indulgence plénière,* également applicable aux défunts, à tous les fidèles qui, dans les conditions énumérées ci-dessus, visiteront l'église de Saint-Eutrope le jour de l'*Invention et* de la *Translation de ses Reliques* (14 octobre).

II

PRIVILÉGES

Qui se rapportent au culte de sainte Eustelle.

Les priviléges qui se rapportent directement au culte de sainte Eustelle, en dehors de ceux qui lui sont communs avec saint Eutrope, à cause de la communauté de leur tombeau, remontent au 27 mars 1873.

A cette époque, la fête de la Sainte, fixée au 21 mai, fut élevée du rit *Double* — comme le portait son office approuvé par le Saint-Siége — au rit *Double majeur,* pour tout le Diocèse. En même temps, mais seulement pour l'église de Saint-Eutrope qui garde les reliques de la jeune martyre, le Souverain-Pontife permit de transférer la célébration solennelle de sa Fête, du jour de l'incidence, 21 mai, au premier dimanche libre qui suit cette date.

Peu auparavant, le 14 février 1873, un rescrit de Rome concédait à perpétuité une *Indulgence plénière* applicable aux défunts, à tous les fidèles qui, moyennant les conditions ordinaires — confession et communion — visiteraient l'église de Saint-Eutrope, soit *le jour même de Sainte-Eustelle, à partir des premières Vêpres de la fête,* soit *le dimanche suivant, du lever au coucher du soleil,* et y prieraient aux intentions de l'Église.

Enfin, il y a un an, le 4 mars 1875, la fête de Sainte-Eustelle, déjà du rit *Double majeur* dans le Diocèse entier, était élevée, mais pour l'église de Saint-Eutrope seulement, au rit *Double de 2e classe.* C'est le plus haut degré qu'elle puisse atteindre ; il vient immédiatement après celui des plus grandes solennités de l'Église en général, et celui des *Fêtes patronales,* qui sont les principales solennités de chaque église ou paroisse particulière.

PRIÈRES ET CANTIQUES

En l'honneur de sainte Eustelle.

ACTES DE CONSÉCRATION

A sainte Eustelle.

—

Pour une réunion de Jeunes filles.

Bienheureuse Eustelle, première fleur de notre Saintonge, éclose sous la rosée de la grâce divine et cueillie par le Seigneur dans tout l'éclat de votre beauté, voyez à vos pieds vos jeunes sœurs dans la Foi qui, après avoir admiré vos vertus héroïques, viennent chercher près de vous les secours nécessaires pour vous imiter.

Comme un lis qui croît parmi les épines, vous avez conservé votre innocence au milieu d'un monde idolâtre ; rien n'a terni en vous cette belle pureté dont le parfum répandu au dehors révèle la présence intime de Jésus-Christ. A votre exemple, aimable Sainte, nous voulons garder intacte cette fleur fragile de l'innocence confiée à nos jeunes ans. Mais la tempête approche, les dangers nous menacent de toutes parts, et nous ne saurions les éviter sans une grâce spéciale. C'est pour l'obtenir que nous avons recours à vous ; c'est en vos mains que nous remettons ce précieux trésor, en nous offrant à vous, et, par vous, à Jésus. Etendez sur nous le voile de cette admirable modestie qui charmait en vous les regards des anges. Les promesses du monde les plus séduisantes n'ont pu gagner votre cœur : faites-nous aussi mépriser ses vaines promesses et préférer à tout l'amour de Jésus-Christ.

Le manteau de pourpre qui couvre votre robe blanche, le glaive et la palme placés dans vos mains, nous avertissent que vous avez uni la gloire du martyre à celle de la virginité. Comme vous, nous avons à combattre et à vaincre. O généreuse martyre, soutenez notre courage dans ces luttes quotidiennes où le démon, le monde et surtout l'amour de nous-mêmes disputent nos âmes à Dieu. Obtenez-nous cette vertu de force devenue si rare en nos jours ; faites-nous bien comprendre que, si nous aimons sincèrement notre Sauveur, nous serons prêtes à souffrir avec lui et pour lui. Si jamais nous sentons notre volonté défaillir, nous nous souviendrons de vos combats : vous nous direz que le même Ciel dont vous jouissez nous attend, et qu'on ne saurait l'acheter trop cher.

O sainte Eustelle, notre modèle et notre patronne, aimez-nous, priez pour nous, protégez-nous, pendant la vie et à l'heure de notre mort.

Ainsi soit-il.

40 jours d'indulgence.

Pour une Enfant en particulier.

O sainte Eustelle, douce vierge, épouse de Jésus-Christ et martyre de la Foi, voici qu'une faible enfant vient à vous pour vous prier d'être son modèle et sa protectrice.

Vous avez gardé votre innocence quand vous étiez encore païenne, et vous avez porté à cette vertu un incomparable amour dès que la lumière de la grâce vous en eut révélé le prix. Je désire ardemment demeurer toujours pure comme vous, et c'est pour obtenir cette faveur que je m'offre à vous, en vous priant de me garder contre tous les dangers de cette vie.

O sainte Eustelle ! protégez-moi, aimez-moi, et daignez m'apprendre à aimer Jésus comme vous l'avez aimé, jusqu'à la mort. Je n'aurai peut-être pas le bonheur de répandre mon sang comme vous, généreuse martyre ; mais puisque j'aurai certainement à souffrir, obtenez-moi force et courage pour l'heure de l'affliction : que je sois alors constante et ferme comme vous l'étiez au milieu de vos bourreaux.

Faites-moi aimer et respecter la sainte Foi de Jésus-Christ, apprenez-moi à la défendre par mes exemples et par mes paroles, et obtenez-moi la grâce par excellence de mourir dans son sein.

Tels sont les vœux ardents que je forme au

pied de votre autel : aimable Sainte, présentez-
les à Dieu, pour qu'ils lui soient agréables ; et si
je pouvais les oublier jamais, daignez me les
rappeler, comme c'est le devoir d'une bonne sœur
d'avertir sa sœur et de l'empêcher de rien faire
qui soit indigne de sa famille. Puisse votre sourire
encourager tous mes combats, et accueillir ma
dernière victoire à la porte du Ciel ! Ainsi-soit-il.

40 jours d'indulgence.

CANTIQUES

En l'honneur de sainte Eustelle.

———

SAINTE EUSTELLE.

D'Eustelle, ô terre santonne,
Viens implorer le secours !
Ta fille est une patronne
Qui te protège toujours.
La noblesse et la puissance
Illustrèrent ses aïeux ;
Mais sa seconde naissance
La fit grande dans les cieux.

Chœur.

Vierge fidèle,
Notre modèle
Et notre sœur,
Eustelle, Eustelle,
Apprends-nous l'amour du Sauveur.

A la coupe empoisonnée
Sa lèvre n'a point touché ;
La vierge à Dieu s'est donnée
Et ne craint que le péché.

Sur ce front chaste et modeste
Que de grâce et de candeur !
Eustelle à l'Époux céleste
Demanda tout son bonheur.

La foi naissante est proscrite
Et ses autels renversés ;
Les pasteurs ont pris la fuite,
Les agneaux sont dispersés.
Au combat Eustelle est prête :
Sa force est dans son amour ;
Elle offre au bourreau sa tête ;
Ce jour est son plus beau jour.

O toi, sa douce patrie,
Saintonge, ne pleure pas !
L'humble fleur n'est point flétrie :
Ta fille échappe au trépas.
O terre qu'ont arrosée
Les flots de son sang vermeil,
Ta force est-elle épuisée ?
Chasse enfin ton lourd sommeil.

Cirque aujourd'hui solitaire,
Vallon qui la vis mourir,
De cet ange de la terre
Gardez-nous le souvenir.
Sa Fontaine, où l'on s'incline,
Ne tarit point dans son cours :
Qu'ainsi la grâce divine
En nous s'épanche toujours !

LE NOM D'EUSTELLE.

Du fruit mûri sur une jeune branche
L'arôme exquis s'exhale autour de nous :
Ainsi ton nom, aimable sœur, épanche
Au vent du ciel son parfum le plus doux !

Chœur.

Eveillez-vous au nom charmant d'Eustelle,
Muets échos de l'agreste vallon !...
Avec transport, de la vierge immortelle,
Voix des cœurs purs, chantez, chantez le nom !

En la formant, tu pressentis sans doute
De sa vertu le bienfaisant éclat,
Apôtre saint, qui lui frayas la route
Et le premier mourus dans le combat.

Quand de la Foi le jour brillant se voile
Aux yeux d'un peuple insouciant, léger,
Sur l'Océan, apparais, BONNE ETOILE ;
Des flots émus conjure le danger.

Tu fus toujours BIEN GUIDÉE et docile ;
Un vain orgueil égare nos esprits :
A la jeunesse apprends qu'il est utile
D'avoir un maître et de rester soumis.

Déployez-vous, gracieuses bannières,
Frais étendards de l'héroïque Enfant !
Martyrs du Christ, les Arènes sont fières
De votre nom, comme de votre sang !

LA GLOIRE APRÈS LA CROIX.

Chœur.

De chants d'amour , de chants de gloire
Le chœur triomphal est formé !...
Honneur, honneur à ta mémoire,
Sublime enfant, lis embaumé !...

De ton cruel et long martyre ,
Noble fille, où sont les douleurs ?
La mort a perdu son empire ;
Dieu lui-même a séché tes pleurs.

L'épine en rose glorieuse
Se change à ton front virginal ;
Et pour ta main victorieuse
Le glaive est un sceptre royal.

De la sombre nuit de l'épreuve
Le voile est pour jamais ôté ;
Verbe divin , son œil s'abreuve
De la splendeur de ta beauté !

Eustelle, de pourpre parée,
Prend place aux noces de l'Agneau,

Et de la tribu consacrée
Entend le cantique nouveau.

Mère d'amour, Reine chérie,
Elle contemple ton front pur ;
Elle aura toujours, ô Marie!
L'abri de ton manteau d'azur.

Vous qui combattez sur la terre ,
Elle vous cherche du regard...
Eustelle ici-bas eut la guerre ,
Vous aurez la palme plus tard.

Toujours ouvert à la tendresse,
De nos besoins s'émeut son cœur.
O France ! Elle voit ta détresse,
Et vient t'aider en ton malheur !

Elle voit Pierre sans asile,
L'Église aux fers comme autrefois :
Aux voix d'Agnès et de Cécile
Elle unit sa puissante voix.

Pour nous sauver, pour nous défendre,
Chère Eustelle, intercède encor !
De toi nous pourrons tout attendre :
Du Christ n'as-tu pas le trésor ?

Montez à votre humble Calvaire,
Jeunes filles, ne craignez pas ;
De la Croix l'aspect est sévère ,
Mais des Saints vous suivez les pas !...

La Fleur des Arènes.

Quand vous foulez, cherchant la fleur nouvelle,
Des vieux Santons le cirque abandonné,
Avez-vous vu sur vous planer Eustelle
La palme en main, et le front couronné ?
Avez-vous vu son céleste sourire,
De son regard compris l'appel si doux ?
Ah ! dans ces lieux témoins de son martyre,
Essaims d'enfants, vers elle accourez tous !

A la lueur des tremblantes étoiles,
Loin du palais témoin de ses combats,
Le front caché sous de pudiques voiles,
Par vos sentiers elle a porté ses pas.
Comme elle vole où la grâce l'attire,
Où de son Dieu l'attend le rendez-vous !
Ah ! dans ces lieux témoins de son martyre,
Essaims d'enfants, vers elle accourez tous !

Des seuls vrais biens sa jeune âme est éprise :
Ne parlez plus de richesses, d'honneurs ;
Du Roi des rois l'alliance est conquise :
Ne parlez plus des terrestres bonheurs.
Contre sa foi le monde en vain conspire :
Elle a donné son cœur à son Époux !

Ah ! dans ces lieux témoins de son martyre,
Essaims d'enfants, vers elle accourez tous !

Sans frissonner, du haut de la Colline,
Elle entendra de sourds rugissements
Et des clameurs où la haine domine :
« Mort aux chrétiens ! Les chrétiens aux tourments ! »
A cette mort, dès longtemps elle aspire ;
Du fer sanglant, elle brave les coups :
Ah ! dans ces lieux témoins de son martyre,
Essaims d'enfants, vers elle accourez tous !

Elle est au pied de cette vaste enceinte
Où l'attendait un peuple frémissant...
Là, sous le fer tombe la jeune Sainte,
Et l'eau jaillit, mêlée avec son sang :
C'est la Fontaine où son nom vous attire,
Où le chrétien vient puiser à genoux !
Ah ! dans ces lieux témoins de son martyre,
Essaims d'enfants, vers elle accourez tous !

Sœur bien-aimée, entends notre prière ;
Guide et soutiens nos faibles volontés ;
Dans les combats, où tu cours la première,
Retiens nos pas au plaisir emportés.
De ta grande âme à la jeunesse inspire
La noble ardeur, l'énergie et les goûts...
Ah ! dans ces lieux témoins de son martyre,
Essaims d'enfants, vers elle accourez tous !

Fais-nous trouver aux Arènes antiques
La seule fleur digne de notre choix,
Celle qui brille en tes mains héroïques :
L'amour du Christ et l'amour de la Croix !
Et de plus près, afin qu'on en respire
Le saint parfum, incline-toi vers nous...
Ah ! dans ces lieux témoins de son martyre,
Essaims d'enfants, vers elle accourez tous !

www.ingramcontent.com/pod-product-compliance
Lightning Source LLC
LaVergne TN
LVHW050601090426
835512LV00008B/1287